Klara Dolphinson

Das deutsche Sozialsystem

Zeitgemäß?

Sozial gerecht?
Realitätsnah?
Langfristig finanzierbar?

www.tredition.de

© 2019 Klara Dolphinson
Umschlag, Illustration: Klara Dolphinson

Verlag & Druck: tredition GmbH, Halenreie 40-44, 22359 Hamburg

ISBN
Paperback   978-3-347-51727-1
Hardcover   978-3-347-51728-8
e-Book   978-3-347-51730-1
Großschrift 978-3-347-51732-5

www.tredition.de

Klara Dolphinson ist ein sozial interessiertes, gesundheitlich eingeschränktes Hamburger Nordlicht, das frei und offen heraus seine Meinung sagt.

Das findet sich auch in ihren Büchern, die authentisch sind.

Nachdem sie dem Tod von der Schippe gesprungen ist, hat sie gelernt wie wertvoll das Leben ist und dass man jeden Tag nutzen muss.

Aus diesem Grund schreibt sie ihre Bücher.

Sie sieht sie als Chance ihre Zeit sinnvoll zu nutzen und etwas in diesem Land zu verändern.

Sie möchte viele Menschen erreichen, ein Umdenken anregen und eine sozial gerechtes und menschenwürdiges Leben für alle erreichen. Deutschland soll wieder zu Recht die Namen Demokratie und Sozialstaat tragen, denn zur Zeit sind diese nicht gerechtfertigt. Und die Natur soll uns noch viele Jahrzehnte überleben, damit unsere Kindeskinder einen guten Ort zum Leben haben.

Inhaltsverzeichnis

1 Was ist das deutsche Sozialsystem?

Das deutsche Sozialsystem besteht zum größten Teil aus den 5 Säulen der Sozialversicherung.

Als Reichskanzler schuf Bismarck 1883 die erste Säule, die Krankenversicherung (KV). 1884 kam mit der Unfallversicherung (UV) die zweite Säule hinzu. Mit der Rentenversicherung (RV) kam 1889 die dritte Säule. Die Arbeitslosenversicherung (ALV) kam 1927 als vierte Säule und 1995 wurde die Pflegeversicherung die fünfte Säule. (Quelle Wikipedia).

Später dann kamen noch die ganzen Sozialleistungen dazu.

Größtes Zukunftsproblem des jetzt gültigen Sozialsystems ist, dass es nicht sozial ist und auch künftig nicht so weiter finanziert werden kann. Das ganze Sozialsystem basiert darauf, das die jüngere Generation , die Älteren, Kranken und Gefallenen finanzieren sollen. Nur stimmt das Gleichgewicht nicht mehr.

Und das wird nicht besser, wenn wir unsere Kinder nicht ausreichend schützen und durch Fehlentscheidungen langfristig leistungsunfähig machen.

Ein Sozialsystem besteht aber aus mehr als nur den 5 Säulen der Sozialversicherung und den Sozialleistungen.

Auch ein soziales Miteinander, ein Füreinander da sein, sozialer Umgang untereinander, kurz zusammen gefasst Sozialkompetenzen eines jeden Einzelnen und soziales Arbeiten gehören dazu.

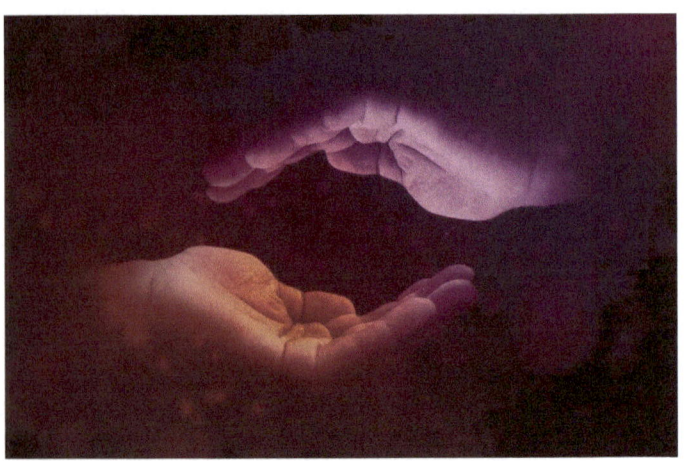

1.1 Sinn des Sozialsystems

Der Grundgedanke des Sozialsystems ist, dass jeder aufgefangen wird, damit er menschenwürdig leben und sterben darf.

Egal, warum er gefallen ist und ob er wieder aufstehen kann.

1.2 Realität

Das deutsche Sozialsystem erfüllt diesen Grundgedanken realistisch gesehen nicht!

Aufgefangen werden wir gerade so von den Sozialversicherungen und Sozialleistungen.

Aber menschenwürdig leben und sterben? Nein!

Und ein soziales Miteinander und Füreinander ist schon lange dem Egoismus und dem eigenen Vorteil gewichen.

Ich finde das sehr schade und schädigend für uns alle!

2 soziales Miteinander

Unser Miteinander ist alles andere als sozial. Die Meisten denken nur an sich und ihren eigenen Vorteil.

Da muss ein Umdenken her! Ein sozialer Umgang miteinander ist extrem wichtig.

Dazu gehört den anderen zu respektieren, wie er ist und ihm zu helfen und unterstützen wo möglich.

Jeder wird mal auf Hilfe angewiesen sein, sei es aus gesundheitlichen Gründen oder auch nur wegen einer persönlichen Krise. Und dann ist man froh, wenn eine helfende Hand da ist.

Vergesst das nicht!

Egoismus, gegeneinander agieren oder sich für persönliche Eitelkeiten duellieren haben im Alltagsleben nichts zu suchen und schaden nur.

Wer das so dringend nötig hat, ist in meinen Augen sehr arm.

Der Mensch hat soviel mehr zu bieten, mir persönlich ist der Charakter wichtiger als Herkunft, Neigung,Glaube, Äußeres oder die Position.

Einen guten Charakter macht aus, dass er sozial kompetent, taktvoll, ehrlich und offen ist..

Dieses Lügen und Reden ohne wirklich was zu sagen, wie in der Politik üblich, ist für mich ein schlechter Charakterzug. Das Vorgesetzte oft Druck von oben ausüben, damit das passiert, finde ich noch schlimmer.vorgesetzte die das nötig haben, verdienen in meinen Augen null Respekt und gehören wegen Nötigung bestraft, egal ob Promi, Politiker oder Wirtschaftsboss ist

Klar kann man nicht immer alles ausplaudern und muss mal was für sich behalten. Aber dann muss ich offen dazu stehen können.

Dafür gibt es Sätze wie: Darüber kann ich jetzt noch nicht reden, weil noch nicht ausgereift oder weil noch in der Entwicklung oder weil es Ermittlungen schaden würde.

Unsere Arbeitswelt ist alles andere als sozial, fair und gerecht.

Das muss sich dringend ändern!

Als allererstes würde ich das Beamtentum mit all seinen Vorzügen abschaffen.

Viele Berufe haben den Status nicht verdient! Verwaltungsbeamte im mittleren Dienst machen dieselbe Arbeit wie einfache Verwaltungsfachangestellte. Wozu also der Beamtenstatus? Bestechlich sind sie mit und ohne.

Auch LehrerInnen haben diesen Status nicht verdient, sie setzen nur fort was Eltern und KindergärtnerInnen / ErzieherInnen begonnen haben.

Berufe in denen Menschen ihr Leben zu unserem Schutz riskieren oder sich für unser Wohl opfern, haben aus meiner Sicht, wenn überhaupt eine ganz besondere Anerkennung verdient.

Dazu gehören Polizei, Feuerwehr, MedizinerInnen, RettungsassistentInnen, PflegehelferInnen, AltenpflegerInnen und Krankenschwestern / -pfleger.

Manche werden sich fragen, warum in meinen Augen auch die medizinischen Berufe größtenteils, ausgenommen natürlich profitgierige MedizinerInnen die nur an ihren Vorteil denken, dazu gehören. Wer sich das fragt, sollte mal bedenken, dass diese Menschen ihre eigene Gesundheit hinten anstellen, bis zum Limit arbeiten und zum Teil schlecht bezahlt werden.

Zudem setzen sie sich tagtäglich vielen Krankheiten aus, die sich auf sie übertragen können.

Das Gepoker um z.B. Sportler, besonders Fußballer, mit viel zu hohen Gehältern muss aufhören.Und wenn sie schon so viel verdienen, sollten sich auch mehr Vermögenssteuer für die Allgemeinheit hier in Deutschland zahlen.

Die Gehälter müssen mehr an die Leistung statt den Posten angepasst werden.

Wie viele Manager verdienen viel zu viel mit mangelnder Leistung? In meinen Augen zu viele, denn sie sind ja mit dem Gehalt abgesichert und bis erkannt wird, das sie nicht gut für die Unternehmen sind und Ihnen schaden, vergeht zu viel Zeit. Manager werden ja nicht wirklich kontrolliert und haben schon genug Betriebe unnötig an die Wand gefahren ohne zu haften.

Ich bin persönlich der Meinung, wer solche Posten belegt und nichts liefert bzw. schadet muss dem Unternehmen, dem er geschadet hat wieder was zurückgeben.

Viel zu viele Manager nehmen den Job zu leicht und richten große Schäden an und alles nur für ein ungerechtfertigtes Megagehalt.

Politiker sind da keinen Deut besser. Sie verdienen für das was sie leisten viel zu viel und sind im Gegensatz zu den Bürgern viel zu schnell zu gut abgesichert.

Sie tun fast nichts für ihre Bürger, aber stopfen sich auf deren Kosten die Taschen voll!

Viele einfache Bürger leisten mehr für unser Land als die Politiker und leben am Existenzminimum.

Das ist weder sozial noch gerecht und darf einfach nicht sein!

Der Mindestlohn ist ein Witz und wird oft nicht mal eingehalten.

Ausländische Arbeitnehmer, die die Jobs machen für die wir uns zu fein sind wie z.B. Müllabfuhr, werden ausgebeutet.

Wie kann das sein und wo ist das sozial?

Heutzutage ist Arbeit durch enorm hohen Dauerstress, Leistungsdruck, Zeitdruck und starkem Konkurrenzdenken geprägt.

Der Mensch selbst mit seinen Bedürfnissen, Problemen und Sorgen zählt überhaupt nicht mehr.

Da wundern sich die Unternehmen, dass ihr wichtigstes Kapital, nämlich ihre Mitarbeiter, durch Abgang oder Krankheit wegbrechen.

Mobbing ist ein großes Problem im Arbeitsumfeld, was leider meist schon in Kindergarten oder Schule anfängt. Das muss unbedingt aufhören.

Wenn sich das nicht bald ändert, wird unsere Arbeitswelt und damit auch die Finanzierung unseres Sozialsystems wegbrechen!

Dafür müssen Unternehmen vom rein finanziellen Denken abkommen und sich mehr um ihre Mitarbeiter kümmern.

Am wichtigsten ist es den Dauerstress durch ausreichende Personalbesetzung, gerechte Gehälter, flexible Arbeitszeiten, familienfreundliche Arbeitsplätze, Betriebskindergärten/ Ganztagsschulen und Verstärkung des Home Office zu minimieren.

Auch muss wieder mehr an der Teambildung gearbeitet werden und Mobbing direkt im Keim erstickt werden. Wer mobbt hat in dem Unternehmen nichts zu suchen und schon gar nicht eine Führungsposition zu besetzen!

Eine Stellenbesetzung sollte immer nach **Qualifikation** und **guter Sozialkompetenz** entschieden werden, besonders in Führungspositionen.

Der Mensch muss wichtiger sein, als die Geld- und Machtgier der Unternehmen.

Man überlebt nur mit guten, zufriedenen Mitarbeitern, die geschätzt werden und auch in schwierigen Zeiten für das Unternehmen da sind.

Ich schlage ein Grundgehalt bei Vollzeitbeschäftigung für alle von mind. 1.800€ netto vor, damit eine Eigenversorgung ohne staatliche Hilfe möglich ist.

Je nach Qualifikation und Position sollte dieses Grundgehalt steigen, aber nicht in zu großen Abständen.

Zuschläge sollten, wie bisher für Nachtarbeit und Sonntagsarbeit sowie für besondere Leistung gezahlt werden.

Es sollte eine Höchstgrenze für Gehälter geben, damit der Poker um hohe Gehälter für wenig oder schlechte Leistung endlich beendet wird.Die meiste Arbeit machen eh die, die in der Kette ganz unten stehen.

Ich schlage ein Höchstgehalt von 5.000€ netto vor.

Auch der Gehaltspoker und Ablösepoker im Sport sollte begrenzt werden. Sportler sollten geschlechtsneutral gleich anerkannt und bezahlt werden und zwar angepasst an die Leistung. Aber eben über eine bestimmte Grenze nicht hinaus.

Für alle Bürger sollte es nur eine staatliche Rentenversicherung geben! Damit ist dann die Versorgung aller Rentner sichergestellt.

Auch Arbeitnehmer können Ihren Teil zu einem sozialen Arbeiten beitragen indem sie weniger an sich und ihren Vorteil denken und dabei über Leichen gehen. Sie sollten wieder mehr auf Teamfähigkeit statt dem Arbeitsklima schadendem Mobbing, mit dem sie nichts erreichen dürfen, setzen.

Teams sind effektiver und erfolgreicher, die Mitarbeiter zufriedener und gesünder!

3 Sozialversicherung

Die Sozialversicherung ist ein großer und wichtiger Bestandteil unseres Sozialsystems. Am Anfang gut angedacht, ist sie heute nicht mehr zeitgemäß und sozial gerecht.

3.1 Rentenversicherung (RV)

Die Rentenversicherung soll abdecken, dass alle Menschen im hohen Alter oder bei Arbeitsunfähigkeit abgesichert sind und menschenwürdig leben und sterben können.

Das entspricht heute nicht mehr der Realität!

Die Altersgrenze der einfachen Bürger wird immer wieder zu Lasten der Bürger hochgeschraubt, da die Finanzierung nicht abgesichert ist. Dies stellt außerdem eine versteckte Rentenkürzung dar.

Politiker sind schon nach kurzer aktiver Arbeit auf Landes- / Bundesebene Renten technisch gut abgesichert, nur heißt es da anders.

Auch sollen Rentner jetzt Steuern zahlen und ihre wohlverdiente Rente länger mitfinanzieren.

Fair und sozial gerecht ist das ganz sicher nicht!

Warum wankt die Finanzierung und warum wird zu so unsozialen Mitteln gegriffen, die immer mehr Rentner in die Armut treiben?

Ein Grund dafür, dass die Finanzierung nicht mehr stimmt,, ist das Ungleichgewicht zwischen alt bzw. erwerbsunfähig und den jungen Finanzierern.

Ein weiterer Grund ist der Anstieg der erwerbsunfähigen Rentner, auch schon im jungen Alter.

Warum ist das so?

Wer will guten Gewissens ein Kind in diese von uns zerstörte Welt setzen und wer kann sich das überhaupt noch leisten?

Mangelnde gesundheitliche Fürsorge, besonders bei Kindern und Jugendliche, ist ein weiterer Grund.

Bestes Beispiel hierfür ist die aktuelle Weigerung der Politik alle Gebäude mit Klimaanlagen mit eingebautem Luftfilter, die nachweislich gegen Hitzewellen und Viren schützen, einbauen zu lassen oder die Besitzer gesetzlich dazu zu verpflichten.

Die Arbeitswelt ist monetär und hart geworden. Das macht so viele so krank, dass sie nicht mehr erwerbsfähig sind.

Aber auch gewinnen immer mehr Risikosportarten an Zulauf, was die Sportverletzungen hochtreibt.

Wie können wir es gerechter und sozialer gestalten?

Es sollte für alle nur eine gesetzliche Rente geben.

Private Rentenversicherer, die zusätzlich absichern wollen, sind mehr am Profit, denn der Fürsorge ihren Mitgliedern gegenüber interessiert.

Und die Beamtenversorgung als zusätzliche Altersrente entfällt, weil das Beamtentum aufgelöst wird.

Es sollte für alle eine feste Grundrente von 1.800€ geben, egal ob altersbedingt oder wegen Erwerbsunfähigkeit. Diese muss steuerfrei sein.

Wer lange und gut verdient hat, sollte dementsprechend mehr bekommen. Das entscheidet sich nach dem Gesamtverdienst und der ausgeübten Position.

Höchstgrenze sollte auch hier bei 5.000€ liegen, damit das Ganze nicht zu teuer wird.

Wie wir das finanzieren wollen, erkläre ich später.

3.2 Arbeitslosenversicherung (ALV)

Die Arbeitslosenversicherung sichert und unterstützt Menschen, die für eine unbestimmte Zeit ohne Arbeit und eigenes Einkommen sind.

Finanziell abgesichert ja, aber abhängig von den Beratern, die keine Rücksicht auf Krankheiten nehmen.

Sie halten sich für was Besseres und nutzen oft ihre Stellung aus. Beratung und Hilfe bei der Arbeitsplatzsuche oder bei der Umschulung oder Weiterbildung findet an vielen Stellen gar nicht mehr statt.

Ein unhaltbarer Zustand!

Meiner Ansicht nach ist die völlig überflüssig, weil die finanzielle Absicherung anders abgedeckt ist.

Nach meinen später zu benennenden System der Absicherung braucht es die finanzielle Absicherung in dieser Form nicht mehr.

Die sachliche Unterstützung in Form von Weiterbildung, Umschulung und Unterstützung bei der Arbeitssuche findet leider so gut wie gar nicht mehr statt und ist reformbedürftig.

Lieber schickt man Dauerarbeitslose in Rente wegen voller Erwerbsminderung.

3.3 Krankenversicherung (KV)

Die Krankenversicherung soll kranke und arbeitende Menschen absichern. Diese Menschen sollen mit medizinischer Versorgung wieder gesund werden.

Sie kümmert sich aber auch um chronisch oder schwerstkranke Menschen.

Heute gibt es neben der gesetzlichen Krankenversicherung auch die Private.

Die private Krankenversicherung ist das Privileg der Gutverdiener und Reichen, die dann mehr Komfort, eine bessere medizinische Versorgung bekommen und bei Ärzten / KH bevorzugt werden.

Dadurch entsteht eine 2-Klassen-Medizin, die weder sozial noch gerechtfertigt ist.

Jeder hat ein Recht auf die gleiche medizinische Versorgung!

Auch sitzen in den Krankenkassen medizinisch unerfahrene Leute, die entscheiden welche Medizin oder Maßnahmen wir bekommen, unabhängig von dem was wir wirklich brauchen und was wirklich hilft.

Vieles das unser Leben bzw. unsere Gesundheit verbessern könnte wird abgelehnt, weil es nicht im pauschalen Maßnahmenkatalog steht, zu teuer oder in den Augen der Krankenkasse nicht sinnvoll ist.

Hier mal ein Beispiel aus meinem Leben:

Lebenslanger Reha-Sport könnte meine Lebensqualität erheblich verbessern, wurde aber abgelehnt.

Begründung:

Reha Sport ist für kurzweilige Verletzungen gedacht, nicht für eine Dauerbehandlung.

Wissen sie was ich dem Sachbearbeiter geantwortet habe?

Ihnen wäre doch lieber, wenn ich gestorben wäre, dann könnten sie viel mehr sparen.

Der Sachbearbeiter sagte, sagen sie das mal den Chefs!

Was ich noch absurder finde ist, dass die Krankenkasse mir später anstandslos zwei Rollstühle genehmigt hat, statt Maßnahmen zu bezahlen um genau das zu vermeiden.

Das versuche ich jetzt in Eigenregie!

Diese Eigenregie kostet mich 10% meines Einkommens nach Abzug aller Fixkosten ohne Grundversorgung (Essen, Hygiene).

Diese 2-Klassen-Medizin ist ein absolutes NO-GO!

Es darf nur noch eine gesetzliche Krankenversicherung geben, in der alle gleich behandelt werden.

Private Krankenversicherer sind nur am Geld interessiert und wenn das nicht mehr da ist wird das Mitglied im Stich gelassen. Das geht nicht und die private Krankenversicherung gehört abgeschafft.

Eine gerechte Krankenversicherung setzt voraus, dass es nur die gesetzliche Versicherung gibt und alle gleichbehandelt werden!

Es darf keine pauschale Festlegung welche Leistung bezahlt wird und welche nicht geben, sondern es muss nach Einzelfall individuell entschieden werden.Jeder bekommt die Hilfe, die er wirklich braucht.

Die Leistung muss nur anerkannt und sinnvoll sein.

In schweren Fällen, in denen nichts mehr hilft, darf auch gerne mal Außergewöhnliches erprobt werden.

Was sinnvoll und anerkannt ist, entscheidet ein Gremium aus Ärzten und Wissenschaftlern. Die Krankenkassen akzeptieren dies ohne Widerstand.

Für schwierige Fälle, wo die konventionelle Medizin nicht mehr hilft, wird eine Sonderkommission aus med. Krankenhausleitung, Ärzten, PflegerInnen, HospizmitarbeiterInnen und Betroffenen einberufen.

Dabei steht die Fürsorge und Würde des Patienten im Vordergrund.

Und es gibt nur noch staatliche Krankenhäuser, damit jedes Krankenhaus die gleiche, bestmögliche gute Ausstattung hat und optimal aufgestellt ist.Dann sind alle gleich gut versorgt.

Sterilität und begrenzte Hygiene ist in manchen Bereichen des Krankenhauses wichtig, aber die Krankenhäuser könnten farbiger, heller und freundlicher gestaltet werden.

Die Patienten fühlen sich in einem gemütlichen Krankenhaus wohler und werden schneller gesund.

Das soziale Umfeld und die Umgebung haben Auswirkungen auf den Heilungsprozess. Das Personal und die Behandlung im Krankenhaus auch.

Privatkliniken sind Geldscheffelei und überflüssig, gute Fachärzte könnten bei entsprechender Bezahlung auch in staatlichen Krankenhäusern arbeiten.

Und jedes Krankenhaus braucht mehr gutes Pflegepersonal mit guter Bezahlung und hoher Anerkennung. Die haben die 5.000€ Höchstgehalt mehr verdient als jeder Manager!

Wenn all das wieder gegeben ist, dann haben wir eine faire und soziale Krankenversicherung.

3.4 Unfallversicherung (UV)

Die Unfallversicherung sollte ursprünglich Arbeitnehmer auf dem direkten Weg zur Arbeit und von der Arbeit nach Hause sowie während der Arbeitszeit absichern und ist eine gesetzliche Versicherung.

Die Berufsgenossenschaft (BG) hat diese Aufgabe übernommen und macht ihre Aufgabe gut.

Inzwischen gibt es auch die private Unfallversicherung, die alle in ihrer Freizeit absichert.

Grundsätzlich ist die heutige Unfallversicherung ganz gut, nur dauern die Prüfungen, ob gezahlt wird zu lange.

Bei der gesetzlichen Unfallversicherung sollte sich nichts groß ändern, sie sollte nur immer an die aktuelle Situation im Land angepasst werden.

Die private Unfallversicherung ist in meinen Augen überflüssig, da jeder durch die KV medizinisch abgesichert ist und finanziell durch die RV oder den Grundbetrag.

Aber dazu mehr in dem Punkt wie ich mir das neue Sozialsystem vorstelle.

3.5 Pflegeversicherung (PV)

Die Pflegeversicherung sichert die Menschen ab, die aus gesundheitlichen Gründen auf Hilfe und Pflege angewiesen sind.

Die Menschen werden nicht mehr als Gesamtes gesehen und nach Schubladen sortiert. Dies führt zu einer Klassifizierung, die in keinster Weise der Realität entspricht.

Niemand passt in eine Schublade, nur weil Menschen das aus dem Büro so vorgeben. Niemand kann ein vorgegebenes Muster gepackt werden, denn er ist individuell.

Der Mensch als Individuum findet leider keine Berücksichtigung.

Man kann einen Menschen auch nicht in einzelne Bereiche wie Gehfähigkeit, soziale Kompetenz, geistige Stärke etc. einteilen, denn das Gesamtpaket zählt.

Und deshalb braucht auch jedes individuelle Gesamtpaket Mensch eine individuelle Pflege.

Und wer maßt sich an die Situation in 5 Min., in denen ein Fragebogen abgearbeitet wird, die Situation wirklich und realistisch einschätzen zu können?

Nur mal so ein Beispiel aus meinem Leben:

Heute geht es mir gut, morgen vielleicht auch oder eben nicht und wenn ich mich falsch bewege falle ich hin oder mit Glück kann ich mich festhalten, wenn das Bein dann unbrauchbar wird. Ich weiß es einfach nie.

Meine Schäden nach dem Todesurteil Krebs vor 33 Jahren, das ich abgewendet habe,sind eher innen, z.B. verkürzte Sehnen, Arthrose, kaputte Gelenke, kaputte Nerven entstanden durch Bestrahlung und Chemotherapie, Schlaganfallgefährdung durch Ablagerungen, eine sehr eigene, angepasste Ernährung etc.

Die sieht der MDK mit seinen Folgen null.

Eins ist aber sicher:

Schmerzen hab ich immer!

Viele sagen, ich soll Schmerzmittel dauerhaft nehmen, aber das will ich nicht!

Erstens kommt nach dem Novalgin, heute Novalminsulfat,das ich zur Zeit bekomme, nur noch Tramal & Co und dann schon die nach BTM (Betäubungsmittelgesetz) wie Morphin.- Diese können abhängig machen, wenn sie nicht regelmäßig eingenommen werden und zwar immer zur gleichen Zeit. Auch können sie dich ziemlich einschränken, denn sie sind keineswegs harmlos.

Das will ich nicht, denn ich will mein Leben bewusst und selbst bestimmt leben!

Ich nehme es nur im allerschlimmsten Notfall, wenn ich es gar nicht mehr aushalte und ansonsten habe ich gelernt mit den Schmerzen zu leben.

So merke ich auch wenn Neues dazu kommt, das würde ich unter Dauerschmerzmitteln nicht.

Ich bekomme keine Pflegestufe, weil ich gelernt habe, damit zu leben und jeden Tag als Geschenk zu sehen. Laut Gutachtern geht es mir gut, weil ich gelernt habe es zu akzeptieren und damit zu leben.

Zum Glück habe ich eine Familie gefunden, die mir nicht nur geholfen hat meine jetzige Wohnung zu finden, sondern sich gut um mich kümmert und immer für mich da ist. Es ist so als gehöre ich dazu.

Und ja ich lebe noch und versuche aus jedem Tag das Beste zu machen und was zu bewegen, denn ich will nicht vor mich hin vegetieren!

In welche Schublade (Kämpfer, der einfach durchs Raster fällt) passe ich denn nun und welche Pflege brauche ich wirklich?

Denken Sie mal darüber nach, besonders die Menschen, die meinen in 5 Min. darüber urteilen zu können.

Denke vielen Betroffenen geht es bestimmt genauso wie mir.

Jetzt wissen Sie, was sich ändern muss, nämlich das dämliche Zerlegen des Menschen in Einzelteile und das Schubladen denken. Es muss endlich aufhören!

Beachtet und pflegt endlich den Menschen als Gesamtes und zwar individuell!

4 Soziale Leistungen

Die sozialen Leistungen sichern alle Menschen finanziell ab, aber ich halte das System für veraltet und zu kompliziert.

Es ist sehr arbeitsaufwändig, auf zu viele Töpfe verteilt und verschwendet zu viel Papier.

Unterlagen werden sinnfrei mehrfach angefordert oder wo ist der Sinn, das der Personalausweis 10x in der Akte auftauchen muss?

Die Anträge sind zu dick und mit Fragen gespickt, die für die Leistung eigentlich nicht relevant sind. In so einen Antrag gehören nur Name, Familienstand, Kinder, Partner (wenn er mit da wohnt) und eigenes Einkommen aus Arbeit und/oder Rente rein, mehr ist für die Leistung nicht relevant.

Auch die vielen Töpfe, aus denen gezahlt wird, sind überflüssig und machen es undurchsichtig und schwer nachvollziehbar.

Ich bin für eine Vereinfachung, in dem man alles in einer Leistung mit Grundbetrag für eine Einzelperson als Haushaltsvorstand in Höhe von 1.500€ vereint.

Hilft nebenbei der Umwelt, denn es spart Holz und Papier.

Oft wird die Unwissenheit der BürgerInnen ausgenutzt und Ihnen die zustehende Leistung verwehrt. Nur wenige trauen sich Widerspruch einzulegen, ich selber mache das bei jedem Ablehnungsbescheid und zur Not geh ich auch vor das Sozialgericht mithilfe der Prozesskostenbeihilfe.

Leider wissen nur wenige, dass sie diesen Weg gehen können und es dauert lange bis was passiert. Nervenaufreibend ist es auch, besonders wenn es um Hilfen zur Gesundheit geht, denn da ist Eile geboten.

Vergleich mit anderen Ländern

Ein Vergleich mit anderen Ländern, zeigt weitere Möglichkeiten auf, abgesehen davon, ob sie sinnvoll oder menschenwürdig sind.

USA:

Die USA hat kein national einheitliches Sozialsystem.

Aber es gibt seit 1935 ein Sozialversicherungsgesetz. Dies beinhaltet eine national einheitliche RV als Pflichtversicherung und eine ALV, die in der Verantwortung der Einzelstaaten liegt.

Inzwischen gibt es auch eine UV, die auch in der Verantwortung der Einzelstaaten liegt.

Es gibt eine nicht gesetzlich vorgeschriebene KV. Die meisten Amerikaner sind privatversichert und ca. 25-37 Mio. von Ihnen sind gar nicht versichert.

Eine einheitliche Regelung gibt es nicht!

Aber inzwischen gibt es auch Sozialleistungen in den USA.

Die wichtigsten sind als Geldleistungen Aid to Families with Dependent Children (Familienhilfe, es gibt aber kein Kindergeld in den USA) sowie Supplemental Seccurity Income (Einkommensbeihilfe für Bedürftige, Alte, Blinde und Behinderte) und als Sachleistung Medicaid (Krankenbeihilfe für Arme) und Food Stamp (Ernährungsbeihilfe für Minderbemittelte).

Das ist das amerikanische soziale Netz für Arme und Bedürftige.

Mein Fazit:

Keine einheitliche, soziale und sichere Absicherung der amerikanischen Bürger und keinesfalls ein Vorbild.

Kanada:

Das kanadische Sozialsystem entspricht in etwa dem amerikanischen.

Es gibt nur kleine Unterschiede:

KV ist vorgeschrieben, allerdings gibt der Staat bei der welfare (Sozialhilfe) die Hälfte und die Provinz die andere Hälfte.

Einige Renten unterliegen der Einkommens-
steuer und andere nicht.

Mein Fazit:

Etwas besser abgesichert als die USA, aber
nicht wirklich gut.

Neuseeland:

Auch in Neuseeland gibt es Sozialleistungen wie Arbeitslosengeld, Alleinerziehendengeld und Rente.

Es gibt einen staatlichen Sozialwohnungsbau.
Wer nicht in diesen Wohnungen wohnt und be-
dürftig ist, erhält dem Wohngeld ähnliche Leistungen.

Es gibt ein kostenloses Gesundheitssystem mit langen Wartezeiten und Zuzahlung beim Hausarztbesuch. Befreit von dieser Zuzahlung sind Behinderte und chronisch Kranke. Eine zusätzliche, private Absicherung wird empfohlen.

Mein Fazit:

Zum Überleben reicht es, sozial und gut versorgt weniger.

Australien:

Das australische Sozialsystem ist rein steuerfinanziert ohne zusätzliche Sozialversicherungsbeiträge.

Aber man ist erst sozialversichert, wenn man 2 Jahre in Australien lebt und eine Daueraufenthaltsgenehmigung hat.

Sozialleistungen wie Arbeitslosengeld, Wohngeld, Kindergeld und Alleinerziehendengeld etc. entfallen, wenn man diese Voraussetzung nicht erfüllt.

Die Sozialleistungen sind niedriger als in Deutschland und sollten zusätzlich privat abgesichert werden, besonders die Altersversorgung.

Wer Sozialkredite, ähnlich unserem BAFÖG, in Anspruch nimmt, muss diese inkl. Zinsen zurück zahlen. Ansonsten darf er Australien nicht verlassen.

Mein Fazit:

Relativ gut abgesichert, aber sehr hohe Auflagen.

Irland:

In Irland gibt es ein beitrags- und steuerfinanziertes Gesundheitssystem. Die Anforderung eines Notarztes kostet extra. Geringverdiener und Empfänger von Transferleistungen sind beitragsfrei gestellt und können das System kostenlos nutzen.

Eine Krankenzusatzversicherung ist angeraten.

Auch in Irland gibt es Sozialleistungen wie Renten, Kindergeld und Arbeitslosengeld. Voraussetzung ist ein legaler Aufenthaltsstatus.

Mein Fazit:

Relativ gut abgesichert, aber hone Voraussetzungen.

Zusammenfassung:

Die Sozialversicherungssysteme sind sich alle sehr ähnlich und unterscheiden sich nur in Kleinigkeiten.

Eins haben sie aber alle gemein, sie wollen ihre Bürger schützen und sind verbesserungswürdig!

6 Ein neues gerechtes Sozialsystem

Ich wünsche mir ein faires und wirklich soziales Sozialsystem in Deutschland und hab mir so meine Gedanken dazu gemacht.

Ein solches Sozialsystem setzt aber ein Umdenken bei den Bürgern, Politikern und Wirtschaftsbossen voraus.

Der Fokus muss von dem eigenen , finanziellen Vorteil auf Sozialkompetenzen, Teamwork und gegenseitige Unterstützung umschwenken.

Unternehmen müssen endlich wieder erkennen, dass die Menschen in ihrem Unternehmen das wichtigste Kapital sind.

Ihr Anteil an einem neuen Sozialsystem wäre z.B.die Einstellung von ausreichend Personal, damit niemand an Überarbeitung und Dauerstress zerbricht und das Angebot von wirklich familiengerechten Arbeitszeiten.

Die Politik muss sich endlich mal mehr mit den Sorgen, Nöten und Ängsten der deutschen Bürger beschäftigen und wieder Entscheidungen zu deren Wohl treffen. Momentan haben sie das vergessen, weil die EU einen zu großen Platz einnimmt.

Die Bürger müssen sich mal wieder auf ihre Sozialkompetenzen besinnen und mehr Akzeptanz und Füreinander in den Fokus stellen.

Unkomplizierte Gesetze und mehr Transparenz würde den Bürgern sicher dabei helfen. Weniger Bürokratie und unnötiger Papierkram auch.

Jetzt zu meiner Idee, die vielleicht noch optimiert werden kann / sollte.

6.1 die finanzielle Absicherung jeden Bürgers

Jeder erwachsene Bürger sollte ein Grundeinkommen von 1.500€ netto haben und für jedes Kind einen Pauschalbetrag von 500€.

Dann können sie ihre Wohnung und den Lebensunterhalt selbst bestreiten.

Viele jetzt aufgesplittete Leistungen wären vereint und das ohne viel bürokratischen Aufwand, Papierverschwendung und unnötige Diskussion.

Jeder hat ein Grundrecht darauf!

Wer nicht arbeitet, bekommt dieses als Sozial-
leistung. Diese Menschen haben auch ein ein
Anrecht auf Beratung, Unterstützung bei der
Arbeitssuche und notwendiger Umschulung.
Nehmen sie diesen nicht wahr und arbeiten
nicht, weil sie ja Geld vom Staat bekommen,
müssen sie weiterhin mit Sanktionen rechnen

Menschen, die einer Vollzeitbeschäftigung
nachgehen, bekommen ein Grundgehalt von
mind. 1.800€ netto und 500€ Kinderzuschlag
pro Kind. Es gibt aber auch eine Höchstgrenze
von 5.000€, damit die Geldscheffelei für das
nichts tun aufhört.

Politiker, Manager, Stars und Sportler sind
nicht davon ausgeschlossen, bei denen sollte
der Höchstbetrag bei 15.000€ netto liegen.

Rentner bekommen eine Grundrente, egal ob
wegen Alter oder Erwerbsunfähigkeit, von
1.800€ netto und diese wird dann je nach Arbeitszeit und Gesamtgehalt nach oben angepasst.

Im Bruttobetrag sind noch für die KV 15%, für
die PV 5% und für die RV 18% zu den Netto-
beträgen zu rechnen. Diese werden zur Hälfte
vom Bürger und Behörde bzw. Arbeitgeber gezahlt.

Die Beträge sind jährlich den gestiegenen Kosten 1:1 anzupassen!

6.2 soziales Versicherungssystem neu

Die neue Sozialversicherung besteht nur noch aus den 4 Säulen KV, PV, UV und RV.

<u>KV:</u>

Es gibt nur noch eine, für alle gleiche, gesetzliche KV! Jeder bekommt die gleiche Versorgung!

Es gibt keine Zusatzversicherungen mehr,da jeder Patient, dass bekommt, was er aus medizinischer Sicht braucht.

In schwierigen Fällen und / oder bei Zweifel an der Notwendigkeit wird sich eine Ärztekommission zusammen setzen. Diese besteht aus jeweils zwei Ärzten aus jeder Fachrichtung, die alle an verschiedenen staatlichen Krankenhäusern arbeiten.

Privatkliniken werden abgeschafft, denn das ist meist nur Geldscheffelei.

Dafür wird die psychologische / psychiatrische Versorgung ausgebaut.

Die Liste, was genehmigt ist und was nicht, entfällt, weil individuell nach Lage der Gesamtsituation entschieden wird.

Die Schönheitschirurgie wird auf das tatsächlich Notwendigste beschränkt. Dieser kranke und ungesunde Schönheitswahn muss gestoppt werden!

Zusatzleistungen wie Einzelbettzimmer, Fernseher, Telefon etc. können nur direkt in den staatlichen Krankenhäusern, nicht über Zusatzversicherungen, gegen ein angemessenes Entgelt, gebucht werden.

PV:

Die PV gibt jedem Bedürftigem die Pflege, die er individuell braucht!

Pflegestufen werden abgeschafft, weil man in diesem Schubladendenken einen Menschen nicht individuell beurteilen kann!

Die behandelnden Ärzte und falls bereits vorhanden der Pflegedienst erarbeiten gemeinsam mit den Betroffenen und ihren Angehörigen sowie dem MDK eine individuelle Lösung zur optimalen Versorgung.

Dafür reichen die persönliche Krankenakte des Betroffenen, Gesprächsnotizen, der Ärzteaustausch untereinander und je ein Beschluss für Patient, Krankenkasse und Pflegedienst, mehr Papierkram ist unnötig.

Das bedeutet mehr Aufwand, aber der lohnt sich und ermöglicht ein menschenwürdiges Leben, auch im Alter und bei Krankheit!

Immer dran denken, sie könnten auch mal auf Pflege angewiesen sein und wollen dann auch respektvoll behandelt werden und gut versorgt sein.

Um das zu verinnerlichen, sollte jeder nach seinem Schulabschluss ein soziales Jahr in der Pflege absolvieren. Ich plädiere für eine gesetzliche Pflicht dafür.

Bei der Festlegung der Pflege sollte auch berücksichtigt werden, dass immer mehr Menschen alleine wohnen ohne Familie, die sich regelmäßig kümmern kann oder einsam sind.

Ein Notrufsystem kann da hilfreich sein, aber mich z.B. würde es nerven, wenn ich mich jeden Morgen zu einer bestimmten Zeit melden muss, weil sonst jemand in der Wohnung steht. Und das nur weil ich es vergessen oder mal länger geschlafen habe.

Die Möglichkeit einen Notruf per Knopfdruck abzusetzen und ein wöchentlicher, zu festen Zeiten abgesprochener Besuch, bei dem man die aktuelle Situation besprechen kann, würde mir als Notfallsystem reichen.

Eine ambulante Pflege zuhause im gewohnten Umfeld sollte immer Priorität haben!

Manchmal ist auch eine Pflege in einer Seniorenresidenz notwendig.

Diese sollte staatlich sein und regelmäßig in den Bereichen Hygiene, med. Versorgung, Umgang, Freundlichkeit und Wohlfühlfaktor der Bewohner kontrolliert werden.

Private bieten das zwar an, aber sind geldgierig. Sie gehören abgeschafft!

Ich persönlich halte von diesen Residenzen nichts, da die Pflege und Versorgung oft menschenunwürdig ist!

Liegt oft an Personalmangel oder Geringschätzung der Betroffenen.

Aber jeder sollte mal daran denken, dass er auch in so eine Situation kommen kann und dann sicher nicht so behandelt werden will.

Denke Seniorenresidenzen gehören in staatliche Hand, die dann hoffentlich endlich mal dafür sorgt, dass es da menschenwürdig zugeht!

Hospize die Menschen in den letzten Tagen begleiten, sollten auf jeden Fall erhalten bleiben und unterstützt werden!

UV:

Die gesetzliche UV für die Arbeit hat sich mit der Berufsgenossenschaft gut bewährt und sollte so bleiben.

Die UV für die Freizeit sollte auch in staatliche Hände, denn die Privatversicherer sind nur an Profit interessiert und zahlen oft nicht oder nur verspätet.

Der Versicherungsbeitrag für die UV in der Freizeit sollte 5% des Nettoeinkommens nicht übersteigen.

RV:

Es gibt nur noch eine gesetzliche RV, in der alle gleich behandelt werden!

Die gesetzliche Altersgrenze für den Rentenantritt ist 65 und darf nicht erhöht werden.

Wer freiwillig länger arbeiten möchte und gesundheitlich auch dazu in der Lage ist, darf auf eigenen Willen weiter arbeiten.

20 Beitragsjahre sollte jeder schaffen, es sei denn die Gesundheit hindert einen daran.

Jeder Rentner, ob Rentner im Alter oder Rentner wegen voller Erwerbsminderung bekommt eine Grundrente von 1.800€ netto.

Dieser Betrag ist jährlich den steigenden Kosten anzupassen.

Wer mehr als 20 Jahre eingezahlt hat und / oder mehr als das Grundgehalt verdient hat, bekommt entsprechend mehr Rente.

Das auszurechnen überlass ich dann doch lieber den Experten.

Weitere Versicherungen:

Privatversicherungen wie die Hausratversicherung, die Haftpflichtversicherung für Mensch und Tier sowie die Autoversicherungen halte ich für sinnvoll.

Eine Sterbeversicherung in Zusammenarbeit mit Bestattungsunternehmen vor Ort, wo ich bestimmen kann wie und wo ich bestattet werden kann, halte ich ebenfalls für sinnvoll.

Aber nur, wenn es bei einem Versicherungsabschluss gleich der Bestattungsvertrag mit dazu gehört und die Versicherung, die unwiderrufliche Zahlungsverpflichtung des Versicherungsunternehmens nach dem Tod ausdrücklich schriftlich gegenüber dem Versicherten und dem frei zu wählenden Bestattungsunternehmen bescheinigt und rechtlich keine Möglichkeit zum Rauswinden hat und keine Kosten auf Angehörige abgewälzt werden können.

Alle anderen privaten Versicherungen sind in meinen Augen sinnlos und Abzockerei!

6.3 Finanzierung

Viele werden sich fragen, wie finanzieren? Gute Idee, aber auch finanzierbar?

Selbstverständlich ist es finanzierbar, wo wir doch soviel Geld zum Fenster rausschmeißen.

Die Versicherungen finanzieren sich wie bisher über den Versicherungsbeitrag.

Die Rente, der Grundbetrag sowie der aufstockende Grundbetrag bei Teilzeitbeschäftigten finanzieren sich über die Steuern.

Dafür muss sich das Steuersystem aber etwas anpassen.

Die Steuern müssen gerechter auf die Bürger verteilt werden und es sollte eine hohe Vermögenssteuer für Millionäre und höher geben.

Prinzip: Wer mehr hat, gibt mehr für das Allgemeinwohl!

Momentan hat man das Gefühl, es wird von den Menschen mit geringem Einkommen genommen und die Reichen lachen sich ins Fäustchen.

Um Steuern zu sparen, wandern sie aus, Das muss unbedingt aufhören.

Wer in Deutschland lebt und / oder sein Geld hier verdient hat, auch wenn er später auswandert, muss hier Steuern zahlen! Das Auswandern aus Geldgier darf nicht mehr belohnt werden!

Das Steuerrecht muss einfacher werden, damit es jeder zumindest in groben Zügen verstehen kann.

Und es muss transparenter und gerechter werden.

Denke 40 oder mehr Steuerarten sind zu viel und manche kann man bestimmt zusammenfassen und vereinfachen.

Es muss klar ersichtlich sein, wer was zahlen muss und ob die Last wirklich gerecht auf allen Schultern getragen wird.

Da ich kein Experte bin, bitte ich diese das mal zu überdenken, anzupassen.und für jedermann, aber wenigstens für die Finanzsachbearbeiter, verständlich und transparent zu machen, zumindest in groben Zügen.

Das Mindestgehalt von 1.800€ netto bei Vollzeitbeschäftigung und weitere Gehälter werden von den Einnahmen der Arbeitgeber finanziert, die mal wieder sozialer werden und ihre Profitgier drosseln müssen.

6.4 Vorteile des neuen Systems

Es ist bei Umsetzung einfacher, nachvollziehbarer und transparenter.

Es ist sozialer und ermöglicht jedem Bürger ein menschenwürdiges Leben und Sterben.

Auch spart es Arbeitskräfte, die da eingesetzt werden, wo sie wirklich gebraucht werden, z.B. in der Beratung, Schulung, Unterstützung bei der Arbeitsplatzsuche oder der Pflege.

Nebenbei schont es die Umwelt, weil weniger unnützer Papierkram.

Quellenverzeichnis

www.abi.pur.de

https://en.wikipedia.org/wiki/
Social_programs_in_Canada

http://www.career-contact.net/sozialversiche-
rung-in-australien.html

https://en.wikipedia.org/wiki/
Social_security_in_the_Republic of Ireland

FSC
www.fsc.org

MIX

Papier | Fördert
gute Waldnutzung

FSC® C083411

Zeitfracht Medien GmbH
Ferdinand-Jühlke-Straße 7
99095 Erfurt, Deutschland
produktsicherheit@kolibri360.de